AF465634

CHEMINS DE FER.

APERÇU DES DIVERS SYSTÈMES

PAR

ALEXANDRE **GIBON**

INGÉNIEUR, ANCIEN ÉLÈVE DE L'ÉCOLE CENTRALE DES ARTS ET MANUFACTURES
DIRECTEUR DE L'USINE A GAZ A ARRAS.

PARIS
LIBRAIRIE SCIENTIFIQUE-INDUSTRIELLE
DE L. MATHIAS (AUGUSTIN),
QUAI MALAQUAIS, 15

1845

LIBRAIRIE SCIENTIFIQUE-INDUSTRIELLE

DE L. MATHIAS (AUGUSTIN),

quai Malaquais, 15.

EXTRAIT DU CATALOGUE.

LÉGISLATION DES CHEMINS DE FER EN ALLEMAGNE, par M. DE REDEN; traduit de l'allemand avec une introduction et des notes, par PROSPER TOURNEUX, ancien élève de l'Ecole polytechnique, ancien officier d'artillerie, chef de bureau des chemins de fer au ministère des Travaux publics. Un volume in-8° de plus de 600 pages avec plusieurs Tableaux et une Carte des chemins de fer d'Allemagne. 1845. Prix : 7 fr. 50 c.

DES CHEMINS DE FER EN FRANCE et des différents principes appliqués à leur tracé, à leur construction et à leur exploitation, accompagné d'un examen comparatif sur l'utilité des différentes voies de communication, d'un résumé général de l'état actuel des chemins de fer dans tous les pays d'Europe et d'un appendice sur les nouveaux systèmes de chemins de fer exécutés ou proposés jusqu'à ce jour, par J. LOBET. 1 vol. in-12, 1845. Prix : 5 fr.

A NEW WORK ON PRACTICAL TUNNELLING; explaining in detail the setting out, the execution, and the cost of such works, and exemplified in the particulars of the construction of blechingley and saltwood tunnels, by FRED. WALTER SIMMS, F.R.A.S. F.G.S. M. Ins. C.E. civil engineer. 1 vol. in-8. 1844. Prix : 26 fr. 25 c.

ÉTUDES SUR LES MACHINES LOCOMOTIVES avec des développements sur la théorie de la distribution de la vapeur et sur l'application de la détente fixe et variable, par FÉLIX MATHIAS, ingénieur, inspecteur du service des machines au chemin de fer d'Orléans, ancien sous-ingénieur du matériel au chemin de fer de Versailles (rive gauche), ancien élève de l'Ecole centrale des arts et manufactures. 1 vol. in-8 avec atlas in-fol. de 12 grandes planches. 1844. 25 fr.

ENCYCLOPÉDIE DES CHEMINS DE FER ET DES MACHINES A VAPEUR, à l'usage des praticiens et des gens du monde, par FÉLIX TOURNEUX, ingénieur, ancien élève de l'Ecole polytechnique. 1 fort volume in-12, avec de nombreuses vignettes dans le texte, et 12 planches. 1843. Prix : broché, 5 fr.; relié en toile gaufrée, 6 fr.

LA MACHINE LOCOMOTIVE considérée dans ses rapports avec les machines fixes, description succincte à l'usage des gens du monde, par un élève de l'Ecole centrale des arts et manufactures. In-18 avec planches, 1843. 25 c.

On y a joint la liste des PRINCIPAUX OUVRAGES PUBLIÉS EN FRANCE ET A L'ÉTRANGER SUR LES CHEMINS DE FER, qui se trouvent à la Librairie Scientifique-Industrielle.

Sous presse pour paraître incessamment.

RECUEIL COMPLET DE LOIS, RÈGLEMENTS, ORDONNANCES, CAHIERS DES CHARGES, STATUTS, etc., sur les chemins de fer, par M. CERCLET, maître des requêtes, secrétaire-rédacteur de la Chambre des députés. 1 vol. in-8.

PORTEFEUILLE DE L'INGÉNIEUR DES CHEMINS DE FER,

Par MM. AUGUSTE PERDONNET, ancien ingénieur en chef du matériel du chemin de fer de Versailles (rive gauche), ancien élève de l'École polytechnique, professeur à l'École centrale des arts et manufactures, et CAMILLE POLONCEAU, ingénieur, directeur des chemins de fer d'Alsace, etc.

132 planches publiées jusqu'à ce jour, sont divisées en onze séries et réparties comme il suit :

Séries.			Pl.
La 1re	A	représente les divers aspects de la voie en déblais, en remblais, les tunnels, etc.	3
La 2e	B	les divers modèles de rails, coussinets de tous les pays et les machines pour la fabrication des rails.	7
La 3e	C	les outils de poseurs de la voie.	3
La 4e	D	les croisements et changements de voies.	17
La 5e	E	les plaques tournantes.	15
La 6e	F	les diligences, wagons pour voyageurs.	25
La 7e	G	les wagons pour marchandises, pour les bestiaux.	9
La 8e	H	les grues ou pompes à eau.	7
La 9e	J	les wagons de terrassement et appareils pour la voie provisoire.	11
La 10e	K	gares, stations intermédiaires, etc.	33
La 11e	L	grue-Arnoux, pont-levis, etc.	2

Conditions de la souscription. — LE PORTEFEUILLE DE L'INGÉNIEUR DES CHEMINS DE FER paraît par livraisons composées de plusieurs feuilles de texte in-8 et de 12 planches sur demi-feuille raisin, accompagnées de légendes explicatives.

Le prix est fixé, pour les souscripteurs, à 10 fr. chaque livraison.

Les souscripteurs *à l'ouvrage entier* auront en outre, à la fin de l'ouvrage, *à titre gratuit*, une nouvelle légende explicative des planches formant un résumé du texte.

Le prix de chaque livraison vendue séparément sera de 12 fr.

Onze livraisons sont en vente.

La douzième et dernière livraison paraîtra en juillet 1845.

TEISSERENC (Edmond), ancien élève de l'École polytechnique, commissaire-général des Chemins de fer : *Les travaux publics en Belgique et les Chemins de fer en France.* 1 vol. in-8. 1839. 8 fr.

— *Examen critique du mode de concession des Chemins de fer* consacré par la loi du 11 juin 1842. Réforme nécessaire. In-8. 1844.

— *Rapport adressé à M. le ministre des travaux publics* sur les Chemins de fer. In-4o. 1843.

— *Lettres sur la politique des Chemins de fer* et sur les applications qu'elle a reçues; recueil d'observations sur les travaux publics de l'Allemagne, de la Belgique, de l'Angleterre et de la France. 1 vol. in-8, avec deux cartes. 1842. 8 fr. 50 c.

— *Statistique des voies de communication en France,* brochure in-8, avec carte et tableau. 1845. 1 fr. 50 c.

— *Histoire et Description* des chemins de fer en Allemagne, comparé au système suivi en France, en Angleterre et en Belgique. *Sous presse.*

— DE L'ANTAGONISME DES CANAUX ET DES CHEMINS DE FER JUXTAPOSÉS et du prix de revient des transports par Chemins de fer avec une carte statistique de la circulation sur les voies de transports en France, et une carte générale des chemins de fer. 1 vol. in-8 et 2 cartes. *Sous presse.*

IMPRIMERIE DE H. FOURNIER ET Ce, RUE SAINT-BENOÎT, 7.

CHEMINS DE FER.

APERÇU DES DIVERS SYSTÈMES

PAR

ALEXANDRE **GIBON**

INGÉNIEUR, ANCIEN ÉLÈVE DE L'ÉCOLE CENTRALE DES ARTS ET MANUFACTURES
DIRECTEUR DE L'USINE A GAZ A ARRAS.

PARIS
LIBRAIRIE SCIENTIFIQUE-INDUSTRIELLE
DE L. MATHIAS (AUGUSTIN),
QUAI MALAQUAIS, 15

1845

PRÉFACE.

Appeler l'attention sur les inconvénients inhérents au système actuel des chemins de fer, exposer les principales modifications qui cherchent à les atténuer, à les faire disparaître même, tel est le résumé que nous nous sommes efforcé de rendre aussi clair, aussi précis qu'il nous a été possible. Notre but serait atteint, si nos craintes étaient partagées. Il en résulterait certainement le désir sincère de voir le gouvernement exécuter des essais pratiques, concluants, pour un système plus simple, moins onéreux, et offrant plus de garanties de sûreté.

N'est-il pas douloureux de voir la réussite des conceptions les plus heureuses, les plus utiles, abandonnée, pour ainsi dire, au hasard?

A. GIBON.

CHEMINS DE FER.

APERCU
DES DIVERS SYSTÈMES.

CHAPITRE PREMIER.

Résumé historique des chemins de fer. — Un mot de leur établissement.

Les premiers chemins de fer qui ont été construits datent de plus de deux siècles; ils avaient pour but d'opérer le service des mines. Ils étaient formés de déux longuerines parallèles, en bois, séparées de $0^{m},80$ à 1^{m}, sur lesquelles on adaptait du fer méplat; les chariots chargés de houille circulaient sur ces bandes, et le service des mines se trouvait considérablement simplifié. Il n'y avait qu'un pas à faire pour transporter sur le sol ce nouveau mode de communication ; aussi, bientôt des réseaux de rails-ways se rendaient des différentes mines aux ports les plus importants d'Angleterre. Pendant longtemps ces travaux ne firent aucun progrès, le seul moteur était le cheval; quelquefois cependant, quand le terrain était disposé en pente, la gravité. Mais, je le repète, point d'amélioration sensible. Toutefois cette disposition présentait un résultat important à constater; on avait diminué considérablement les *frais de traction*, car le frottement des roues sur la voie était réduit dans la proportion de 1/30 à 1/250.

C'est au commencement du XIXe siècle, seulement, que des machines à vapeur furent employées comme moyens de traction. Ces machines à vapeur furent désignées sous le nom de locomotives. Les premiers avantages de ces ingénieuses et puissantes machines, qui prennent sur la voie même le point d'application de la force qu'elles développent, furent de diminuer les frais de transport; mais la vitesse était toujours de 3 à 4 lieues à l'heure. En 1828, on vit pour la première fois, sur le chemin de fer de Liverpool à Manchester, une locomotive marcher à une vitesse de 15 lieues à l'heure. De cette époque date l'importance des chemins de fer. Ce qui a frappé tous les esprits, c'est cette rapidité insolite dont les influences si diverses ne peuvent encore être appréciées d'une manière positive. Cette rapidité nous la devons à une disposition particulière de la machine conductrice, et cette disposition, nous sommes heureux de le dire, a été imaginée par M. Séguin, ingénieur francais.

Ainsi la locomotive est notre moyen de traction:

cet appareil adopté, la voie doit satisfaire à ces deux conditions :

1° Pentes très-douces, 2° Courbes de grand rayon : on se trouve conduit à exécuter des terrassements très-importants, mais dont l'importance varie évidemment avec la disposition et la nature des terrains.

Le tracé d'une ligne déterminé, on apprécie facilement le volume des terres à remuer. Dans cette question, il faut tenir compte de la nature du terrain; car l'angle sous lequel la paroi de la tranchée peut se soutenir est un élément important pour la solution.

Certains terrains connus sous le nom de rochers tiennent à pic, d'autres sous diverses angles, quelques-uns sous aucun angle; enfin, il en est qui à l'état de sécheresse se tiennent sous un certain angle, et qui par la pluie s'éboulent; ce sont les terrains schisteux. Pour ces terrains on prend des dispositions particulières; à la partie inférieure on dispose des pierrées pour faciliter l'écoulement des eaux, quelquefois on maintient les talus par des plantations, par des murs de soutenement. Cette dernière disposition étant très-coûteuse est rarement adoptée; elle diminue dans une proportion considérable la surface totale de la tranchée.

Comme les déblais, les remblais ont pour but de diminuer la pente, les accidents du terrain naturel; ils sont souvent très-importants. On a imaginé un moyen très-simple pour les exécuter rapidement. Un rail-way établit la communication entre le point où on prend les terres et celui où on les déverse: par cette disposition, le travail se fait avec beaucoup de facilité; le remblai ainsi établi n'est certainement point aussi parfait que s'il était exécuté par couches successives pilonnées, mais on le bombe d'après des données d'expérience sur le tassement des terres, et, après quelque temps de marche, la ligne du remblai prend l'inclinaison qu'elle devait avoir d'après le projet: on emploie surtout ce moyen quand le remblai est important et quand le terrain sur lequel on l'établit est incompressible; dans le cas contraire on doit forcément revenir au mode habituel appliqué aux canaux et aux routes; il faut établir des couches successives et les pilonner au fur et à mesure; il faut aussi donner au remblai plus d'empatement, soit en diminuant l'inclinaison du talus, soit encore, et mieux, en disposant sous le remblai une banquette sur laquelle repose le remblai proprement dit. Les remblais et déblais n'ont donc d'autre but que de diminuer les pentes et de s'opposer aux courbes de petit rayon.

Nous étudierons les systèmes qui ont été imaginés pour diminuer ces travaux considérables et qui sont encore les plus importants dans la construction des chemins de fer, souvent même ils sont impossibles; alors on substitue aux déblais les tunnels, aux remblais les viaducs.

Les tunnels présentent des difficultés variables avec la nature du terrain et l'épaisseur des montagnes à traverser. Nous n'entrerons point dans les détails de ces importants travaux ; nous les signalons en recommandant spécialement la bonne exécution des murs en ailes aux abords pour éviter les éboulements.

Les viaducs ont pour but de permettre le passage des vallées ; on a construit, en France, sur le chemin de fer de Versailles (rive gauche) une de ces importantes constructions; on a reproché à ce coûteux travail d'être massif, écrasé, et, à l'appui de cette assertion, on citait des viaducs construits en Angleterre d'une seule arche de 150 mètres d'ouverture ; ces travaux sont certainement hardis, mais ils présentent une grande élégance, et la pratique peut répondre que leur solidité suffit aux efforts répétés qu'ils supportent.

A l'aide des déblais et remblais, des tunnels et viaducs, nous établissons sur le sol une voie satisfaisant à toutes les exigences des rails-ways : avec les ponts, maintenant nous traversons les canaux, les fleuves, et tous les grands obstacles sont vaincus. Rien de particulier pour la construction de ces ponts; ils sont en tout analogues à ceux établis pour les grandes routes ; cependant on a cru devoir leur donner plus de solidité ; on les a rendus lourds. On est revenu maintenant à des constructions plus légères, et le chemin de fer de Rouen est le premier en France où les travaux d'art réunissent les conditions d'une sécurité apparente et d'une solidité éprouvée (nous ne parlons point toutefois du pont du Manoir). On doit bien se garder d'établir des ponts trop légers. Au chemin de fer de Saint-Étienne à Lyon, on a construit un pont suspendu américain, sur lequel on n'a jamais passé sans craindre : nous devons exclure les ponts suspendus de nos travaux d'art.

Quand une route traverse un chemin de fer, généralement cette route est inclinée par rapport au rail-way ; si elle est sur le même plan, on se contente d'encaisser la voie dans la route elle-même ; quelquefois cette route est à un niveau plus élevé : dans ce cas, on la supporte par une construction particulière, à laquelle le chemin de fer a forcément donné naissance, le pont biais. Ces travaux sont difficiles à exécuter ; ils exigent plus de soins, plus de solidité que les ponts ordinaires. Si le chemin de fer doit passer au-dessus d'une route, on rentre dans un cas que nous avons déjà examiné, *le viaduc*.

Nous arrivons naturellement à la construction de la chaussée. Suivant la nature du terrain, la construction de cette chaussée varie : le terrain peut être solide, de remblais, marécageux, quelquefois en sable coulant. Avec ces terrains si divers, il faut faire une chaussée toujours sèche, toujours légèrement élastique : sèche, pour assurer la solidité ;

élastique, pour s'opposer à l'usure des locomotives, des wagons.

Dans un terrain solide, rien de plus facile que ce travail : on ouvre une tranchée de $0^{m},50$ de profondeur, on dispose le terrain en dos d'âne, on maintient, par deux murs en pierres sèches, une épaisseur de sable de $0^{m},25$; sur ces murs, on pose des dés ou des traverses en bois, qui supportent des coussinets en fonte, dans lesquels viennent s'assembler les rails, et l'on remplit le reste de la tranchée avec du sable : on a fait une chaussée. Les eaux filtrent à travers le sable, les pierres, elles s'écoulent à travers la maçonnerie, et de là dans les fossés latéraux. On a ainsi une chaussée sèche, mais plus ou moins élastique, suivant l'emploi des dés ou des billes. C'est avec raison qu'on a renoncé aux dés; sur les chemins de fer de quelque importance, les billes sont exclusivement adoptées : elles facilitent le relèvement de la ligne, quand le tassement dépasse la prévision de l'ingénieur.

Dans un remblai, la construction est la même. Si le terrain est marécageux, les travaux deviennent difficiles : on doit dessécher, ou piloter quand ce dessèchement n'est point praticable; dans ce dernier cas, c'est sur le pilotis même qu'on établit les billes. Le pilotage, dans ces circonstances, doit être fait *simultanément* et avec le plus grand soin; mais si le terrain est profond, il faut répartir la pression sur une plus grande surface. On a réussi, sur le chemin de Liverpool à Manchester, en employant des lits de fascines, sur lesquels on dispose des pierres sèches, puis des longuerines, enfin les billes.

Toutes ces constructions achevées, on pose les coussinets et les rails. Les coussinets sont en fonte, formés de semelles qui se placent sur la bille et s'y assemblent par deux chevilles en fer. Cette semelle porte deux parties saillantes, entre lesquelles on place le rail; il y est maintenu d'une manière invariable par un coin en bois serré fortement entre le rail et le coussinet. De bons coussinets sont ceux employés au chemin de fer de Versailles (rive gauche); ils sont simples de forme et offrent une grande solidité. Du reste, cette solidité dépend essentiellement de la nature de la fonte : qu'elle soit de bonne qualité, grise, à grain moyen, coulée avec soin, sans soufflures, et toujours le coussinet de bonne forme sera durable. On a coulé des coussinets de première et de deuxième fusion; ceux de deuxième fusion sont certainement préférables pour la qualité. Cependant, la question d'argent intervenant, on leur préfère souvent ceux de la première.

A l'origine, les rails étaient en fonte, mais ils étaient fragiles : car la fonte, on le sait, résiste peu à la flexion ; le fer, étant plus flexible, lui a été judicieusement substitué. Les premiers rails en fer étaient des bandes ordinaires, disposées verticalement sur leur épaisseur; mais les rails de cette disposition coupaient rapidement les roues, et dans les courbes, l'action de la force centrifuge les déformait bientôt. On a disposé à la partie supérieure du rail, un bourrelet appelé champignon, qui pare aux deux inconvénients que je viens de signaler. Plus tard, on a fait des rails à deux champignons, dans le but de les retourner quand, par le service, ils sont usés à la partie supérieure. On donne assez de force à ce bourrelet pour qu'il ne puisse se déformer par la pression. En Amérique, les rails sont rectangulaires, mais évidés intérieurement; ils portent une espèce d'embase à la partie inférieure. Ces rails s'assemblent directement sur les billes.

En Europe, des clavettes en fer ou des coins en bois serrent le rail contre le coussinet. Les coins sont préférables; ils doivent toujours être placés extérieurement à la voie : ils affaiblissent ainsi le choc du rail contre le coussinet, et peuvent avoir plus de hauteur; pour que le mouvement favorise le serrage, ils doivent être chassés en sens inverse de la marche du convoi.

Le poids des rails est très-variable, celui des coussinets lui est proportionnel. A l'origine, les rails pesaient 12 à 15 kilos le mètre courant; le coussinet, 3 kilos. Aujourd'hui, les rails pèsent jusqu'à 36 kilos. C'est encore un inconvénient de la locomotive, mais nous y reviendrons.

Généralement les chemins de quelque importance sont à deux voies. On opère le passage d'une voie à l'autre par une disposition nommée *croisement de voie :* un bout de rail mobile, désigné sous le nom d'aiguille, a un mouvement de rotation en un point situé sur la voie principale; l'autre extrémité peut à volonté prendre la direction de cette ligne principale ou la direction du croisement, dans l'une ou l'autre position, ces aiguilles sont fixes et leur direction est déterminée. Le mouvement est généralement imprimé à ce système à l'aide de leviers ou d'excentriques diversement disposés, quelquefois par le mouvement même du convoi.

Dans les viaducs, dans tous les passages où un déraillement pourrait donner lieu à de graves accidents, on pose à l'extrémité de la voie, et contre le rail, des bandes de bois ou de fer, dont le but est d'empêcher tout déraillement, et que l'on désigne sous le nom de *contre-rails.*

On ne dispose point toujours d'assez d'espace pour passer d'une voie à une autre à l'aide des croisements de voie; on a dû imaginer un appareil qui donne un résultat analogue, cet appareil est la *plaque-tournante :* elle est généralement employée aux points extrêmes du chemin. Voici en quoi consiste cet appareil : imaginez deux voies qui se croisent perpendiculairement. Du centre du carré qui se trouve déterminé par ce croisement, on décrit une circonférence, et l'on sépare des voies le cercle compris dans cette circonférence; ce cercle n'est autre qu'une plaque de fonte supportant les rails qui prennent la direction des deux lignes; cette plaque de fonte est supportée par un pivot, et roule sur des galets coniques disposés inférieurement. Cette simple description fait voir la facilité de son service. On comprend qu'une locomotive pourra facilement, de cette manière, passer d'une voie sur une autre qui lui est perpendiculaire, et avec deux plaques tournantes sur une voie parallèle.

Les *gares* doivent satisfaire à trois conditions principales : facilité d'emmagasinement, facilité de service pour les convois, facilité de circulation pour les voyageurs. Pour atteindre ce triple but, on a disposé, en Angleterre, un bâtiment antérieur, dans lequel on reçoit et on emmagasine les marchandises : à droite est l'arrivée des convois, à gauche, le départ; ce service est desservi par des voies spéciales, et des voies particulières sont disposées entre ces voies principales, pour le mouvement du matériel, locomotives et wagons. Cette simple disposition satisfait aux conditions principales.

CHAPITRE II.

Des moteurs. — De la locomotive.

L'ouvrier de mine fut longtemps le seul moteur employé sur les chemins de fer, dont l'avenir était si grand. Encore aujourd'hui, le traîneur de mines fait rouler son char sur de petits rails, et ce service simple et facile adoucit beaucoup les rudes labeurs de l'ouvrier, en même temps qu'il diminue, dans une proportion considérable, les frais des exploitants. En effet, un seul homme peut facilement, pendant un travail de dix heures, transporter à 1,000 mètres de distance, 30 tonnes pesant, en supposant la résistance sur les chemins de fer égale à 1/200 du poids.

Le cheval fut employé après l'homme. Dans les mêmes conditions de résistance, la vitesse étant faible, de 3,200 mètres à l'heure, il transportait à un kilomètre 384 tonnes; mais l'effet utile diminue, dans une proportion très-rapide, quand la vitesse augmente: ainsi, en parcourant 4800 mètres à l'heure, il ne peut traîner que 256 tonnes, et 50 tonnes seulement, si la vitesse croît jusques à 16,000 mètres.

On profita bientôt de la gravité comme moteur; en observant que, la résistance étant égale à 1/200 du poids, si la pente du chemin égale aussi 1/200, la résistance devient nulle. Alors, et toujours, dans les mines, des chariots, chargés à l'extrémité supérieure d'un plan incliné, se rendaient seuls à la partie inférieure, où généralement était disposée une galerie longitudinale, dans laquelle un rail-way horizontal servait de moyen de communication avec le puits d'accrochage.

Plus tard, et naturellement, on donna plus d'inclinaison au plan, et l'excès de gravité qui en fut le résultat, servit à remonter les wagons vides.

Tous ces moyens employés dans les mines depuis deux siècles ont été transportés sur le sol où ils ont subi des modifications, résultant surtout de l'importance des convois.

Après cet aperçu rapide des premiers moteurs employés sur les chemins de fer, soit à l'intérieur, soit à l'extérieur des terres, passons à la locomotive, à ce puissant moyen de traction, toujours digne de notre admiration; mais auquel nous aurons de graves défauts à reprocher.

C'est au commencement de notre siècle qu'une machine à vapeur ordinaire, disposée sur un châssis et donnant le mouvement à une roue d'engrenage qui mordait sur une crémaillère, placée entre deux rails, remorquait un convoi de houille sur le rail-way de Newcastle; on n'avait point encore supposé que l'adhérence d'un bandage de roue sur le rail qui le supporte suffirait pour entraîner un convoi. On obtint ce résultat après cinq années de pratique, mais la machine employée était toujours la machine ordinaire qui donnait le mouvement à la roue motrice, à l'aide de balancier, bielle et manivelle. Les chaudières étaient en tout analogues à celles que nous avons dans nos usines, quant au mode de transmission de chaleur, et la vitesse des convois ne dépassait jamais quatre lieues à l'heure.

De 1828 datent des progrès remarquables : la chaudière de M. Seguin aîné, appliquée au chemin de Liverpool à Manchester, transforma complétement la locomotive, et l'on obtint alors l'appareil que nous allons décrire.

Deux parties distinctes constituent une locomotive; ce sont : la chaudière, le mécanisme. Ces deux parties constituantes sont supportées par un châssis spécial.

Ce qui importait dans la construction de la chaudière, c'était de donner une surface de chauffe suffisante pour produire la quantité de vapeur nécessaire à une marche rapide. La disposition de la chaudière de M. Seguin aîné est la seule qui, pour un système de locomotion, satisfait à cette condition. Dans les deux faces planes opposées qui terminent la chaudière (dont la coupe verticale est rectangulaire et surmontée d'une partie semi-cylindrique), s'assemblent une infinité de petits cylindres en laiton; l'eau qui remplit la chaudière enveloppe ces cylindres, qui servent de passage à l'air chaud formé dans le foyer. On obtient, par cette ingénieuse disposition, une surface de chauffe considérable, d'autant plus que le système de locomotion facilite dans une grande proportion le dégagement des bulles de vapeurs qui se forment à la surface extérieure de cette multitude de cylindres, qui ne présentent aucune difficulté sérieuse dans leur pose et dans leur entretien. Le tender suit immédiatement la machine; il porte l'approvisionnement d'eau et de combustible nécessaire pour l'alimentation de la chaudière et du foyer. Le foyer est disposé à la partie postérieure de la chaudière, dans laquelle, pour ainsi dire, il est encastré; la boîte qui le renferme est liée avec le plus grand soin au corps principal de la chaudière; elle s'appelle boîte à feu; elle est enveloppée d'eau de toutes parts. Le tirage de ce foyer s'opère d'une manière toute particulière.

La vapeur, après avoir agi sur le piston de la machine, s'échappe dans une cheminée en tôle, et cette cheminée communique avec le foyer par la série des petits tubes de laiton dont nous venons de parler.

Cet échappement de vapeur forme un vide qui produit un appel énergique et d'autant plus énergique, que, dans un même temps, le piston fera plus d'oscillation, par conséquent qu'il y aura plus de dépense de vapeur. Ce système présente dans les pentes de graves inconvénients : la machine a plus d'efforts à vaincre, elle se ralentit; par cela même la production de la vapeur diminue.

Ainsi, par ce simple exposé, on comprend parfaitement que cette disposition n'est rationnelle que pour un terrain parfaitement plat. Mais décrivons le mécanisme d'une locomotive.

Rien de plus simple que l'aperçu de ce mécanisme : un tube abducteur ouvert dans une chambre, placée au-dessus de la chaudière, communique avec des boîtes à vapeur; de ces boîtes, la vapeur vient agir sur le piston, et, à l'aide de tiroirs, détermine son mouvement de va et vient. Ce piston porte une tige horizontale, à laquelle est assemblée une bielle, qui imprime le mouvement à un essieu coudé; cet essieu coudé, relié aux roues motrices, leur donne un mouvement de rotation.

Toute la puissance de la machine est ainsi transportée au pourtour de ces roues, et c'est par suite du frottement des roues sur les rails, qui supportent tout ce matériel, que le mouvement de translation peut avoir lieu. On a désigné ce frottement par ces mots : *adhérence*, *force d'adhérence*.

Telle est, en quelques mots, l'idée de cette machine remarquable. Résumons ses exigences, les travaux importants qui peuvent y suffire, nous verrons ses dangers; puis nous jetterons un coup d'œil rapide sur les divers systèmes proposés par les ingénieurs distingués qui ont été, à juste raison, frappés de l'imperfection du système des rails-ways actuels.

La première condition à laquelle on doit satisfaire, en adoptant la locomotive comme moyen de traction sur les rails-ways, c'est d'établir une voie dont la pente ne dépasse pas $0^m,01^c$ par mètre. En effet, le poids de la locomotive déterminant la force d'adhérence des roues sur les rails, ce poids déjà énorme (18 à 20 tonnes) ne peut jamais être assez fort pour procurer une adhérence suffisante, quand la pente dépasse ce maximum.

La seconde, aussi impérieuse, est d'éviter les courbes d'un rayon de moins de 1,000 mètres; quand le rayon est moindre, on doit ralentir la vitesse dans une très-grande proportion, à moins d'être à chaque instant exposé à être lancé hors de la voie. Mais encore n'est-il point rationnel de forcer dans ces courbes de grand rayon la marche de la machine. Les essieux étant parallèles, et le chemin décrit par l'une des roues étant plus grand que celui décrit par l'autre, il en résulte un frottement de glissement de l'une des roues sur le rail qui la supporte, et ce frottement constitue un tiraillement toujours dangereux pour la parfaite harmonie qui doit exister dans les pièces d'une machine.

Mais ces conditions, admettons-les sans conséquence; il faut y satisfaire.

C'est alors qu'à grands frais on bouléverse le sol, on comble les vallées, on perce des montagnes, on jette des ponts sur les fleuves ; on établit des viaducs.

Peu importent les millions qu'imposent ces travaux ruineux ; il faut à tout prix vaincre la difficulté.

Nous sommes à la surface inférieure de la voie, il faut la construire, et c'est pour la locomotive qu'elle doit être établie avec tant de soins, qu'elle doit être si coûteuse surtout ; en effet, les roues de devant portent à elles seules plus de cinq tonnes ; il faut des rails capables de supporter sans flexion nuisible un poids aussi considérable, des coussinets qui puissent résister au choc latéral, et une fondation qui présente toute garantie.

Cette exigence, due au poids de la locomotive, accroît les dépenses dans une proportion considérable, puisqu'elle se fait sentir sur toute la longueur de la voie.

Mais continuons : on est arrivé à mettre la locomotive en mouvement. Cette machine satisfera-t-elle à toutes les conditions d'une marche régulière ? elle en sera très loin.

Déjà, nous l'avons dit, sur une pente, la machine a plus d'efforts à vaincre, elle se ralentit, et la disposition particulière du tirage d'une locomotive est telle, qu'un ralentissement diminue ce tirage, partant l'ardeur du foyer, la production de la vapeur. Il faut en conclure qu'un ralentissement cause un nouveau ralentissement, et par les mêmes raisons, une accélération détermine une nouvelle accélération.

Ainsi la marche d'une locomotive est irrégulière; voyons si elle nous offre quelque sécurité:

Cette machine, d'un poids si énorme, animée d'une vitesse moyenne de dix lieues à l'heure, ne tient en aucun point au chemin sur lequel elle roule; lancée dans une courbe avec une trop grande vitesse par la négligence d'un conducteur, il peut y avoir déraillement. Ces déraillements peuvent être produits par bien d'autres causes exploitées déjà par la malveillance: un choc de la locomotive contre le rail qui la supporte peut la faire sortir de la position primitive et causer le déraillement de tout un convoi. Qui peut prévoir alors les dangers qui résultent du choc des wagons, reliés à un moteur aussi puissant, et qu'on ne peut maîtriser instantanément, surtout dans les grandes vitesses, qui favorisent particulièrement ces chances d'accidents.

Qu'un essieu se brise, malgré les précautions prises dans la prévision de cet accident, il y aura déraillement et tous les dangers qu'il entraîne. Les explosions des chaudières, bien que rares, sont possibles; le feu!..... qui ne frémit encore, en se rappelant la catastrophe du 8 mai, événement terrible, à jamais gravé dans les annales des rails-ways.

Les rencontres possibles exigent de longs intervalles entre les départs; il en résulte un inconvénient grave pour le voyageur forcé de se soumettre à cette exigence; il perd du temps, il perd une partie du seul avantage que présentent les rails-ways.

La locomotive, pour se mouvoir et entraîner son tender, dépense une grande proportion de sa puissance, et, la vitesse croissant, il arrive un point où elle peut à peine se traîner elle-même; ce maximum est atteint à une vitesse de vingt-cinq lieues à l'heure. Ce chiffre suffira pour faire comprendre dans quelle proportion rapide la puissance de la locomotive diminue quand la vitesse augmente.

Un dernier inconvénient, bien désagréable au moins, s'il n'est dangereux, est causé par la présence de l'eau dans l'atmosphère: nous nous rappelons que les bandages des roues des locomotives prennent sur les rails même le point d'application de la force développée, et par conséquent le mouvement a lieu en vertu de l'adhérence de ce bandage contre le rail. Or, le coefficient de frottement du rail contre le bandage varie très-sensiblement avec son état hygrométrique. Si ce rail est humide, le coefficient peut être tel, que les roues de la machine tournent sur elles-mêmes sans avancer: on dit alors que la machine *patine*. Le départ devient très-difficile, et toujours est-il que dans ces circonstances, le moindre inconvénient est de diminuer dans une grande proportion la charge à remorquer.

La locomotive, qui impose des conditions aussi absolues, aussi terribles, est-elle donc notre meilleur mode de traction; devons-nous subir longtemps encore les lois d'un tel tyran, que l'on gorge de millions, et devant lequel il faut toujours trembler, toujours frémir?

Non, espérons-le; d'ailleurs déjà des hommes distingués, des hommes de génie, nous ont prouvé par l'exposition de leurs systèmes l'importance qu'ils attachent à dominer ce moteur.

Les uns, MM. Laignel et Arnoux, ont voulu le diriger. Les belles expériences de Saint-Mandé, concluantes pour le système Arnoux, ont décidé le gouvernement à en faire l'essai, et bientôt le railway de Sceaux, que l'on établit actuellement, nous prouvera que, dans tout système, les ingénieuses voitures de M. Arnoux trouveront leur application.

MM. Andraud, Falcot, Pecqueur, ont imaginé des systèmes que nous décrirons; dans tous l'air joue un rôle important. Dans tous on a spécialement en vue d'éviter les effets terribles du feu.

M. de Jouffroy modifie la locomotive. Nous nous étendrons sur son système, qui a occupé tous les journaux de la capitale pendant les essais que M. de Jouffroy dirigeait rue de l'Ouest.

Enfin, nous étudierons spécialement le système par pression atmosphérique; nous verrons les ingénieuses dispositions de MM. Clegg et Samuda; nous verrons comment M. Hallette d'Arras a simplifié avec bonheur cette disposition complexe.

CHAPITRE III.

Passage dans les courbes. — Diverses idées. — Système Laignel, système Arnoux.

Parmi les inconvénients que nous avons signalés, l'un de ceux qui occasionnent le plus de frais lors de l'établissement d'un rail-way, est l'impossibilité de franchir des courbes d'un rayon moindre de 1,000 mètres. C'est cette difficulté que l'on a d'abord cherché à vaincre.

La force centrifuge tendant, dans les courbes, à faire sortir le wagon de la voie, on s'oppose à cette force en la contre-balançant par la gravité. On disposait, dans les courbes, le rail intérieur à un niveau plus bas que le rail extérieur. Mais il aurait fallu pour chaque courbe une différence de niveau proportionnellement variable entre la surface supérieure des deux rails parallèles, et on n'obviait point aux inconvénients qui résultent du parallélisme des essieux et de la fixité des roues, c'est-à-dire aux frottements latéral et de glissement.

On obtint un meilleur résultat en établissant des roues dont le bandage était une section conique; la petite base de cette section était extérieure : il résultait de cette disposition que, dans les courbes, le wagon étant poussé contre le rail, la circonférence du plus grand rayon était extérieure, et à l'intérieur se trouvait la circonférence du plus petit rayon. Cette disposition était certainement un progrès, mais un à peu près routinier qui ne s'opposait qu'en partie aux inconvénients qu'il voulait réduire.

Le premier système important que nous ayons à signaler est celui de M. Laignel. Sa disposition est bien simple : elle consiste à augmenter, dans les courbes, le rayon de la roue extérieure de tous les wagons qui composent le convoi, en faisant rouler les wagons sur le rebord des roues, au lieu de les faire rouler sur la couronne, et maintenant dans le même plan horizontal la surface des deux rails parallèles. On conçoit facilement que la courbe du chemin étant telle que le rapport entre les rayons des courbes formées par les rails intérieurs et extérieurs étant le même que celui qui existe entre le diamètre des roues, on détruit une portion du frottement dû à la fixité des roues sur les essieux; on détruit de plus, et pour cette courbe unique, les effets dus à la force centrifuge, car tout le convoi roule dans cette courbe comme une portion de cône, à cette condition indispensable et fâcheuse pour ce système, de laisser du jeu aux essieux, afin que les deux essieux d'un même wagon puissent converger au centre de la courbe.

On est loin d'éviter, dans ce système, tous les inconvénients inhérents au parallélisme des essieux et à la fixité des roues. M. Maniel a trouvé, en soumettant au calcul les expériences du système de M. Laignel, que la résistance décuplait dans les courbes. Un grave inconvénient de la disposition que nous venons d'indiquer est l'impossibilité d'établir sur un même chemin des courbes de rayons différents. M. Laignel a limité à 50^m le rayon de ses courbes. Cette nécessité n'est-elle point fatale à son système? Il est évident que les courbes à petit rayon ne seront utiles qu'au moment où le système pourra se plier à toutes les inflexions du tracé; la solution d'un tel problème n'était point facile, M. Arnoux l'a tentée.

Frappé avec raison du peu d'importance que les ingénieurs attachaient à la disposition des wagons, M. Arnoux a cru que l'on avait eu tort d'admettre en principe le parallélisme des essieux et la fixité des roues sur ces essieux. Cette disposition conduit, en effet, à l'impossibilité de franchir une courbe de moins de $1,000^m$ de rayon, et dans ces courbes même le rayon est irrégulier. De plus, pour que les deux essieux parallèles n'embrassent point un trop grand arc de la courbe, il faut les rapprocher; la caisse se trouve en porte-à-faux aux parties antérieures et postérieures; enfin, pour éviter l'acccroissement de frottement de glissement dans les courbes, on doit se borner à la largeur de voie de 1^m50 : on ne peut donc point chercher à obtenir une plus grande stabilité par l'élargissement de la voie.

Le but que s'est proposé M. Arnoux a été atteint. Par sa disposition, les essieux prennent constamment une direction normale à la courbe, *quel que soit son rayon*, et les roues montées dans des boîtes, sur les fusées des essieux, tournent librement autour de ces fusées. On évite ainsi les frottements latéral et de glissement, et on peut faire décrire au chemin toutes les courbes que les effets de la force centrifuge ne condamnent point.

Les voitures proposées par M. Arnoux sont ainsi disposées :

Les essieux, mobiles autour de chevilles ouvrières dans un plan horizontal, portent sur les fusées, des roues disposées dans des boîtes cylindriques.

Chaque voiture est composée de deux trains réunis par une flèche, à l'extrémité postérieure de laquelle est disposé un plateau ayant même axe que la cheville; deux couronnes horizontales ayant même axe que les chevilles sont également disposées sur les essieux. Si une chaîne entoure les deux couronnes et vient se croiser sous la flèche, il est évident que dans le mouvement les deux essieux prendront une position symétrique, c'est-à-dire feront avec l'axe de la voiture des angles égaux. Une tige rigide, passant dans les chevilles ouvrières de deux trains, l'un, celui de derrière de la première voiture, l'autre, celui de devant de la seconde, réunit les wagons du convoi. Enfin, il y a encore liaison de deux voitures consécutives par une chaîne passant sur le plateau disposé à l'extrémité postérieure de la flèche et sur la couronne de l'avant-train de la voiture suivante.

La direction, lors de l'entrée dans une courbe, est imprimée au premier essieu par quatre galets fixés à l'extrémité d'un rectangle adapté au premier essieu et venant rouler sur la surface intérieure des rails.

On conçoit facilement que, la direction étant imprimée par ces galets, la traction s'opérant par les flèches et les tiges rigides qui peuvent se mouvoir autour des chevilles ouvrières, de plus, la position des essieux étant déterminée par des chaînes attachées aux couronnes, le chemin décrit par la première voiture sera le chemin décrit par toutes les autres.

M. Arnoux, se conformant au désir exprimé par l'Académie des sciences, a fait, à Saint-Mandé, des expériences sur une grande échelle. Ces expériences ont obtenu les plus heureux résultats; elles ont été fréquentes, et chacun a pu se convaincre que dans toutes les courbes, jusqu'à 50^m de rayon, les grandes vitesses pouvaient être maintenues sans danger (en ce qui concerne le parallélisme des essieux et la fixité des roues); on parcourait même avec une vitesse de 3 lieues à l'heure un cercle de 18^m de rayon.

Cet avantage obtenu et bien constaté n'a point seulement pour résultat d'éviter des frais considérables causés par les terrassements, il détruit encore une partie des dangers et des frais qui, avec le système actuel, paraissent inhérents aux chemins de fer.

Effectivement, la voie pourra être élargie, et, par conséquent, la stabilité accrue; les wagons pourront être plus légers, les roues seront en bois, la charge à remorquer sera moins considérable, et par suite, la force du moteur pourra être diminuée. Donc on pourra *diminuer le poids de la locomotive :* diminution de frais considérable, puisque tous les appareils dont se compose la voie, et principalement les coussinets, les rails, pourront être diminués de poids. Enfin, on évitera souvent, par un faible détour, les travaux d'art, qui exigent tant de dépenses.

Nous résumerons en deux mots les avantages de ce système : il diminue les chances de déraillement et les frais d'établissement du rail-way.

CHAPITRE IV.

Emploi de l'air comprimé comme moteur. —
Principes des systèmes de MM. Andraud, Falcot, Pecqueur.

A la suite des accidents funestes causés par le feu, une série d'inventions ont vu le jour; ces catastrophes épouvantables étaient, en effet, de nature à fixer l'attention de tous les ingénieurs distingués; et certainement le devoir de ces hommes spéciaux était de chercher un système débarrassé de cet élément terrible de destruction.

Et d'abord, sans penser à tous les inconvénients du système à locomotive, on s'occupe surtout de remplacer la vapeur par l'emploi de l'air comprimé. Cette idée avait été émise avant la catastrophe du 8 mai; mais c'est surtout de cette époque que datent les divers systèmes proposés.

Le système de M. Andraud sera bien simple à exposer. Ce système conserve la locomotive et dispose des réservoirs de deux natures : les uns fixes, les autres mobiles; dans les réservoirs fixes, il emmagasine de l'air comprimé par l'emploi des forces naturelles : les chutes d'eau, l'action du vent. L'air comprimé est déversé dans les réservoirs mobiles et agit sur la locomotive comme la vapeur à haute pression.

Il ne serait pas facile d'imaginer un système qui présentât plus de difficultés, plus d'irrégularité dans l'application. Par l'emploi des chutes d'eau et du vent comme force motrice, n'est-on pas effrayé des variations du moteur? Par un temps calme, au moment de l'étiage, où prendrez-vous votre force motrice? Pour ces circonstances on disposera des machines à vapeur fixes, mais déjà l'exploitation d'un chemin de fer n'exige-t-elle pas un matériel considérable?

Ces réservoirs fixes, mobiles, doivent être établis dans des conditions de perfection et de solidité toutes particulières, afin de s'opposer à la tension de l'air comprimé qu'ils renferment; l'entretien de ces appareils sera coûteux, et leur nombre étant considérable il deviendra ruineux.

Nous ne pouvons citer cette disposition comme avantageuse; elle augmente les dépenses d'établissement dans une grande proportion, et les inconvénients pratiques rendent son application impossible.

Le système de M. Pecqueur repose sur le même principe, mais ce principe est appliqué d'une manière plus rationnelle.

Un tube cylindrique, fermé de toute part et disposé sur toute la longueur du rail-way, est rempli d'air comprimé par le travail continu de machines de compression, et de distance en distance on fait des prises d'air nécessaires pour la marche de la machine.

Dans ce système, comme dans le précédent, le moteur est la locomotive, l'air comprimé remplace la vapeur à haute pression.

Admettons que ces systèmes offrent tous les avantages que leurs auteurs se proposaient d'obtenir; ces dispositions présenteraient, à l'exception du danger qui résulte de l'emploi du feu, tous les inconvénients inhérents à la locomotive. A quel prix obtiendrait-on cet avantage!

Nous devons encore à MM. Andraud et Falcot deux systèmes conçus dans le même but que les précédents, mais qui ont la prétention d'annuler la locomotive. Des difficultés pratiques se sont opposées à l'emploi de ces dispositions; nous en citons le principe pour mémoire.

Dans un cylindre en tissu imperméable à l'air, passe un anneau cylindrique auquel est relié le convoi; le diamètre de cet anneau est moindre qu celui du cylindre; de l'air comprimé gonfle le cylindre et met l'anneau en mouvement. Cette idée est due à M. Andraud.

M. Falcot dispose sur les rails, qui ont une forme concave; une bande en tissu imperméable. L'air comprimé, chassé par une machine de compression, vient enfler ces bandes. Si l'on suppose une roue placée sur le rail, il est évident qu'elle prendra un mouvement.

Ces deux dernières idées ne peuvent être étudiées ni comme sérieuses, ni comme pratiques. Elles doivent être considérées comme d'ingénieuses expériences de physique.

Inutile donc de critiquer ces systèmes.

Un inconvénient général à toutes ces dispositions est inhérent à l'emploi de l'air comprimé, comme force motrice; l'expérience a prouvé que les pompes foulantes établies pour comprimer l'air, rendent peu d'effet utile, et principalement quand le degré de compression, et c'est ici le cas, doit être assez élevé.

CHAPITRE V.

Système du marquis de Jouffroy.

M. de Jouffroy conserve la locomotive, mais il la perfectionne; il la combat dans tous ses inconvénients, il paraît la dominer. M. de Jouffroy change totalement notre chemin de fer actuel: il rend la voie plus solide et l'élargit sans augmenter la largeur totale du chemin; il donne ainsi plus de stabilité, et l'augmente encore en abaissant le centre de gravité de tout le matériel qui compose le convoi.

Voici la description de son système:

Trois châssis distincts, mais reliés par un boulon vertical, enchâssé dans de fortes charnières, qui permettent le mouvement horizontal de ces châssis, supportent: le premier, le mécanisme et le réservoir d'eau froide; le second, la chaudière et son foyer; le troisième, la provision de combustible. — La vapeur met en mouvement deux pistons parallèles, qui communiquent ce mouvement à un arbre horizontal sur lequel sont disposées des poulies fixes de différents diamètres. Des chaînes ou courroies transmettent le mouvement de la poulie enrayée à un autre arbre horizontal, qui supporte une roue d'un diamètre de 2ᵐ à 2ᵐ50. Cette roue est disposée entre les deux rails et mord sur un rail strié également placé au milieu de la voie.

Dans son système, M. de Jouffroy fixe à deux mètres la largeur de la voie: c'est avec raison qu'il imite ici M. Brunel, qui, par cette disposition adoptée en Angleterre, sur le rail-way de Londres à Bristol, a obtenu sans plus de danger que sur les rails-ways ordinaires, une vitesse de 12 à 13 lieues à l'heure; M. Stephenson, en limitant à 1ᵐ,50 la largeur de la voie, voulait éviter les chances de déraillements que nous avons déjà signalées comme dues aux effets qui résultent du parallélisme des essieux et de la fixité des roues sur ces essieux.

M. de Jouffroy dispose chaque wagon sur un seul essieu et les réunit deux à deux comme il réunit les châssis de la locomotive; ces wagons sont supportés par cet essieu et par des ressorts disposés sous les banquettes, les roues sont hors le wagon, leur diamètre peut être double du diamètre adopté sur nos rails-ways; ces roues tournent librement sur leurs fusées.

Ainsi, la voie, la locomotive, les wagons, tout est modifié.

Quel sera l'effet de cette disposition? La force de la machine n'est plus transmise à deux roues motrices qui prennent sur les rails même le point d'application de la force développée. Ici, cette force est transmise à une seule roue, dont le bandage est formé par une série de morceaux de bois debout enchâssés, et c'est ce bois debout qui, par son adhérence avec un rail en fonte strié, va permettre la transmission du mouvement au convoi.

La force d'adhérence étant évidemment beaucoup plus considérable entre le bois et un rail en fonte strié, qu'entre deux barres de fonte polies ou au moins unies, il est évident que le poids de la locomotive pourra être diminué très-sensiblement.

Une application qui nous paraît heureuse, est la variation de vitesse imprimée à volonté à la roue motrice par l'intermédiaire des poulies, sans changer en rien la *vitesse* des pistons. Il résulte en effet de cette application la possibilité de gravir des pentes considérables, et de plus la production de la vapeur ne sera plus subordonnée à la vitesse du convoi. Nous avons dit en signalant les inconvénients inhérents à la locomotive, toute l'irrégularité de la marche quand on devait gravir ou descendre une pente. Le moyen proposé par M. de Jouffroy pour vaincre cette difficulté est-il bon? nous ne l'affirmons pas ; toujours est-il que M. de Jouffroy a compris le vice de cette disposition irrationnelle, et qu'il a essayé de le combattre. La pratique seule pourrait nous donner le mérite du mécanisme qu'il propose.

Il résulte de la disposition des wagons une grande stabilité. Le centre de gravité est en effet au centre de l'essieu, le principe d'articulation permet le mouvement dans des courbes de faible rayon, et la liberté des roues sur les essieux ne fait point craindre les frottements latéral et de glissement qui résultent de la disposition actuellement en usage. Afin d'éviter les chances de déraillement qui pourraient résulter de la liberté des roues sur les essieux, M. de Jouffroy exhausse la voie proprement dite relativement aux rails; cette voie forme ainsi une banquette qui paraît devoir rendre le déraillement plus difficile.

Enfin, en construisant les rails en fonte proposés par M. de Jouffroy, on n'augmenterait point sensiblement le prix de la voie proprement dite, mais si l'on adoptait le fer laminé, cette dépense croîtrait dans la proportion d'un cinquième. Nous pensons que la fragilité de la fonte empêcherait son emploi, mais la disposition de la voie en fer laminé, indiquée également par l'auteur de ce système, présentant beaucoup plus de solidité que la disposition actuelle, les frais d'entretien seraient diminués dans une forte proportion qui compenserait en partie l'augmentation de dépense primitive.

M. de Jouffroy a fait des essais sur un chemin de fer monté rue de l'Ouest, et avec des appareils exécutés à l'échelle d'un cinquième. M. de Jouffroy a obtenu d'heureux résultats qui *paraissent* répondre aux diverses objections soulevées contre son système; ce système a été l'objet de discussions fort animées, dans lesquelles on n'a point toujours apporté la bonne foi désirable dans ces questions qui, avant tout, doivent être discutées consciencieusement. Nous regrettons sincèrement qu'une commission composée d'ingénieurs distingués n'ait point étudié ce système; elle aurait pu conseiller au gouvernement un essai en grand, et c'est toujours à ces essais qu'il faut arriver pour conclure *pratiquement*.

CHAPITRE VI.

Systèmes par pression atmosphérique.

Le génie de l'homme ne devait point s'arrêter à toutes les améliorations que nous avons signalées en analysant les nombreux systèmes qui se sont produits.

Il y a près de deux siècles qu'un célèbre physicien français, Papin, conçut l'idée de faire servir la raréfaction de l'air dans un cylindre à la production du mouvement.

En 1810 seulement, cette idée est exploitée par Medhurst, ingénieur danois; il imagine de faire le vide dans un tube dans lequel il place un piston, il relie à ce piston des lettres, des marchandises. Vallance veut joindre les voyageurs aux objets inanimés que Medhurst fait rouler dans son tube. Nous ne citons cette idée que pour en faire sentir le ridicule.

Cependant la solution du problème avait fait un pas; le tube de Medhurst devait être lié à l'idée mère de Papin. Maïs, évidemment, il fallait unir le piston du tube à un convoi chargé de voyageurs et de marchandises. C'est là qu'apparaît toute la difficulté de la solution du problème, car il ne suffit point de faire cette liaison, il faut éviter les rentrées d'air dans le tube raréfié.

Medhurst comprit cette nécessité, il fendit le tube sur toute sa longueur, mais la soupape à eau qu'il imagina, dans le double but de pouvoir, à l'aide d'une tige, relier le piston au convoi et d'éviter les rentrées d'air, n'eut point de succès, — elle exigeait que le rail-way fût de niveau.

Après lui, Pinkus, ingénieur américain, propose une soupape en corde, le résultat de Pinkus n'est point plus heureux.

On n'avançait point. L'idée de Papin, appliquée au tube de Medhurst, ne fit aucun progrès de 1810 à 1838. — C'est alors que MM. Cleeg et Samuda imaginèrent leur soupape mécanique, établie d'abord à Chaillot, et dont le succès fut constaté à Wormwood-Scrubs, par un ingénieur français, M. Teisserenc; plus tard, sur le rail-way de Dalkey à Kingstown, par M. Mallet.

C'est à la même époque que M. Hallette d'Arras, notre compatriote, élaborait une idée dont les résultats, maintenant étudiés, connus, doivent laisser bien loin après eux les ingénieuses dispositions de ses devanciers. N'était-il point, du reste, bien naturel, bien juste, qu'un Français héritât de l'idée du célèbre Papin!

Mais, avant d'entreprendre la description de ces divers systèmes, nous allons étudier en lui-même le principe de la locomotion par pression atmosphérique, ainsi que les avantages attachés à ce mode de propulsion.

Imaginez un tube en fonte d'un diamètre uniforme, fixé entre les deux rails de la voie; un piston peut se mouvoir dans ce tube. Nous admettrons que, par une disposition quelconque, ce piston soit relié à un convoi, et que cette liaison soit établie de telle manière que les rentrées d'air dans le cylindre ne soient point à craindre. Si une machine à vapeur fixe fait mouvoir une machine pneumatique qui communique avec le cylindre longitudinal, la partie du cylindre comprise entre la machine et le piston va se raréfier, et le vide étant poussé jusqu'à un certain point, le piston n'est plus en équilibre, il va se mouvoir en vertu de la différence de pressions à laquelle il est soumis, et avec une force égale au produit de la différence de ces pressions par la surface sur laquelle elle s'exerce. De plus, la vitesse du mouvement sera égale à la vitesse avec laquelle on opère le vide. — Cette vitesse, dépendant de la puissance de la machine, on conçoit qu'elle puisse être considérable et théoriquement sans limites.

Cette disposition conduit à ces conséquences :

Plus de moteur sur la voie, plus de tender, plus de perte de force motrice pour déterminer leur mouvement. — La voie peut donc être établie pour supporter les wagons destinés aux voyageurs, la voie arrive enfin à son but le plus naturel, — les rencontres ne peuvent avoir lieu, — les accidents causés par le feu ne sont plus à craindre, le déraillement est presque impossible, et les dispositions imaginées pour parcourir les courbes de faible rayon, pour remonter les pentes, sont ici inutiles. — Ce sont des avantages inhérents au système et que l'expérience, du reste, a déjà constatés.

Malgré ces avantages, le système de propulsion atmosphérique a trouvé et trouve encore beaucoup d'opposition.

On prétend que les frais de locomotion seront plus considérables; cependant les renseignements pratiques auxquels il est permis d'avoir quelque confiance puisqu'ils résultent de faits acquis, nous prouvent qu'ils s'élèvent aux 3/5 seulement des frais actuels, sur le rail-way de Dalkey à Kingstown, établi dans des conditions peu avantageuses, comme nous le verrons par la comparaison des systèmes anglais et français.

On affirme que la vitesse ne saurait être plus grande que sur les rails-ways actuels, et toutes les expériences tentées jusqu'à ce jour prouvent que la vitesse moyenne sera double de celle que l'on obtient aujourd'hui. Cependant on s'accorde à admettre qu'une disposition pratique, qui réaliserait les avantages du principe posé par Papin serait applicable aux chemins de peu de longueur, circulant à *grande vitesse*. — Quelques ingénieurs opposés à ce système comme devant remplacer le railway à locomotive disent plus : ils unissent les deux modes de locomotion, réservant le système atmosphérique pour les *difficultés*.

On ajoute que généralement la construction première augmentera considérablement la dépense, et il est prouvé que la disposition à une voie, praticable et satisfaisant aux exigences d'une marche régulière, constitue une diminution de frais d'établissement d'environ 2/5.

Enfin, pour terminer la série d'objections auxquelles ce système a été en butte, on affirme que les conditions d'un trafic ou roulage considérable ne sauraient être remplies sur les lignes prolongées par un système aussi *inflexible* que le système atmosphérique. Nous avons cette conviction, nous, que dans le sens attaché à cette expression, ce système est le plus *flexible* qui ait encore été proposé.

Pour faire partager cette conviction à nos lecteurs, nous les prierons de nous suivre dans l'examen comparatif des systèmes de MM. Cleeg et Samuda et de M. Hallette.

Système anglais.

C'est sur une distance de 2,800 mètres que fut établi de Dalkey à Kingstown la première exploitation du rail-way, par propulsion atmosphérique, de MM. Cleeg et Samuda.

Au milieu d'une voie ordinaire est disposé le tube

fendu de l'ingénieur danois Medhurst. Ce tube a 0^m38 de diamètre intérieur; un assemblage solide et simple forme des divers tuyaux dont il se compose, un tube continu; afin de s'opposer au rapprochement des deux parties de la rainure, favorisé par l'action de la pression atmosphérique, ce tube porte des renflements disposés en forme de croissant; il est relié à la voie par des appendices distants de 1^m00, qui viennent l'asseoir sur les billes et permettent de l'y fixer par des broches en fer.

Dans l'intérieur du tube se trouve un piston, relié au convoi par une tige *coudée*. Cette tige passe sur toute la longueur du tube dans une fente de 0^m062 de largeur. Ce passage doit s'exécuter sans permettre les rentrées d'air; ici apparaît la nécessité d'une soupape, cette soupape est le principal organe du système.

Elle se compose d'une lame de cuir de bœuf, maintenue, d'un côté de la rainure, par une plaque de fer invariablement fixée au tube. Cette lame de cuir est double dans la partie qui recouvre la fente longitudinale, et fortifiée d'armures en fer; les deux parties latérales de la lame de cuir plongent dans un mastic composé de cire et de suif, disposé, d'un côté, au-delà du point d'attache de la lame, de l'autre, dans une encoche pratiquée sur toute la longueur du tuyau, et destinée en outre à recevoir l'autre bord de la bande de cuir. L'épaisseur totale de cette soupape est de 22 millimètres.

Des galets, attachés au corps du piston, déterminent l'ouverture de cette soupape en la poussant de bas en haut, et donnent ainsi passage à la tige; d'autres galets postérieurs, également reliés au piston, maintiennent la soupape levée après le passage de la tige pour permettre immédiatement et sans perte de force, la rentrée de l'air derrière le piston. Aussitôt après le passage de ces galets, la soupape se ferme, une petite roue, liée au wagon directeur, la met en place en la comprimant fortement; derrière cette roue se trouve un appareil appelé lissoir; c'est un cylindre plein de charbons incandescents, destiné à fondre le mastic, qui doit pour ainsi dire, faire corps en même temps avec la soupape et le cylindre.

MM. Cleeg et Samuda ont dû évidemment imaginer des soupapes d'entrée et de sortie, ces soupapes sont fort ingénieuses; le cadre dans lequel nous devons nous restreindre ne nous permet que de les citer.

On voit que l'appareil, à l'aide duquel on a d'abord réalisé la pensée du savant français, est d'une *complication extrême;* sur toute la longueur de la voie, on a une composition de mastic qu'il faut fondre presque instantanément, à l'aide d'un réchaud mobile, des roulettes, des galets pour clore la soupape, pour l'ouvrir, pour laisser rentrer l'air derrière le piston. Un appareil aussi complexe ne réclame-t-il point des soins continus, d'autant plus que déjà l'insuffisance d'herméticité cause des rentrées d'air qui absorbent la moitié de la force motrice développée. Cependant les résultats constatés, que cette disposition présente, sont déjà supérieurs sous le rapport de l'économie d'établissement, de locomotion, de vitesse, au système à locomotive. Qu'obtiendrait-on à l'aide d'un système plus simple et surtout plus efficace, plus durable et moins coûteux?..... Ce système nous le devons à M. Hallette, nous allons le décrire. Il devient donc inutile de nous arrêter davantage à la critique du système anglais, la meilleure critique qu'on puisse en faire étant le simple exposé du système français dans lequel nous mettrons souvent en parallèle les deux dispositions, pour faire saisir plus complétement son incontestable supériorité.

Système français.

La différence la plus saillante entre les systèmes anglais et français, consiste dans la disposition de la soupape. M. Hallette compare l'ouverture de son tube à une bouche, il lui donne des lèvres, des lèvres qui comme celles de l'homme peuvent fermer de la manière la plus complète, la plus efficace, permettre le passage à la tige du piston, défendre les rentrées d'air dans le tube.

Parallèlement à la rainure du tube propulseur, et symétriquement placés, sont disposés deux petits tubes, qui seraient presque tangents s'ils n'étaient tronqués sur leur longueur, de manière à former, pour ainsi dire, deux gouttières renversées se regardant, et dont les parties extrêmes se rapprochent. Des boyaux en tissu imperméable sont introduits, étant vides, dans ces rainures longitudinales, une pompe peut les remplir d'air à une pression variable suivant la nécessité, et dont les limites sont renfermées entre 6 et 12 centimètres; alors ces deux boyaux se pressent l'un contre l'autre et ferment le tube, comme deux lèvres ferment la bouche; ils empêchent donc toute rentrée d'air et cependant permettent le passage d'une tige; — il reste à donner à cette tige une disposition qui évite le frottement. Nous allons voir comment ce problème a été résolu.

La première tige du piston imaginé par M. Hallette remplissait deux fonctions distinctes : elle reliait le piston au convoi et en même temps établissait la communication de l'air extérieur avec le tube. Dans ce cas, cette tige devait avoir une section assez considérable, par conséquent une grande surface. Elle avait en effet $1^{m}00$ de longueur et $0^{m}038$ d'épaisseur. Le frottement de cette tige contre les cylindres en tissu est estimé à 5 % environ de la force motrice développée. Cette perte de force est donc à considérer. De plus, la rainure du cylindre ayant une largeur de 4 centimètres, les boyaux en tissus étant soumis à la pression atmosphérique tendaient en certains points à rentrer dans l'intérieur du tube. M. Hallette a modifié cette première disposition de la manière la plus heureuse.

La rentrée de l'air dans le cylindre s'effectue, par cette nouvelle disposition, à l'aide de soupapes latérales, distantes de 500 à 1000 mètres, formées de simples cataractes fonctionnant seules, proportionnellement aux vitesses de parcours; la tige ne remplit plus qu'une seule fonction : elle doit pouvoir entraîner le convoi; sa longueur est réduite des 4/5es et son épaisseur de moitié, le frottement détermine une perte de force égale à 1/100, et la rentrée des bourrelets dans l'intérieur du tube propulseur n'est plus à craindre.

Comparerons-nous maintenant la soupape de MM. Cleeg et Samuda avec celle de M. Hallette?... La complication n'est-elle point aussi saillante dans le système anglais que la simplicité dans le système français?....

Mais poursuivons. — Le piston de M. Hallette détermine l'obturation complète du tube à l'aide de lanières en fort cuir, fixées à la partie antérieure et pressées contre la surface intérieure du cylindre par un coussin circulaire élastique, imperméable et plein d'air comprimé à volonté par une petite pompe à main, placée derrière le piston et constamment à la disposition du conducteur.

On le voit, M. Hallette sait tirer bon parti de l'élasticité de l'air.

La tige de connexion est incessamment refroidie

par un courant d'huile alimenté par une bâche placée sous le siége du conducteur. Enfin toutes les précautions sont prises : trois petites soupapes disposées à l'aval du piston s'ouvrent à la volonté du conducteur, et si une cause quelconque vient nécessiter un arrêt immédiat, on ouvre ces soupapes, et la rentrée d'air qu'elles déterminent forme un frein d'une puissance considérable; elles ont encore un autre but : dans les descentes, ces petites soupapes sont le frein le plus commode, le plus ingénieux qu'il soit possible d'imaginer. Disons encore qu'un manomètre placé vis à vis le conducteur indique à chaque instant le degré de vide, et par conséquent la force dont il dispose constamment. Rappelons-nous également que la tige est verticale et permet le mouvement dans les deux sens, ce qui n'existe point dans le système anglais. Enfin le piston de M. Hallette a $1^{m}50$ de longueur, celui de MM. Cleeg et Samuda a $6^{m}40$.

Rien de plus simple que la disposition des clapets d'entrée et de sortie imaginée par notre habile constructeur : le convoi porte deux galets qui, avant d'arriver à ces clapets, font mouvoir le levier qui retient le verrou qui les ferme; ce verrou enlevé, le calpet devint libre, il tourne autour d'une charnière et fournit le passage au piston; après le passage du convoi, il est aussitôt remis en place par le surveillant de service. Ces clapets sont à double effet; et comme leur disposition est simple et efficace, ils sont évidemment supérieurs à l'ingénieuse disposition à simple effet de MM. Cleeg et Samuda.

L'usage des boyaux imperméables a soulevé la plus sérieuse objection contre l'emploi de ce système. On craignait qu'il ne fût point possible de faire une étoffe qui, soumise à l'influence des températures les plus élevées et les plus basses de l'atmosphère, pût conserver la souplesse indispensable à l'effet que ces boyaux doivent produire; et faisant cette hypothèse, on était conduit à craindre le frottement qui résulterait de la tige contre les boyaux, en admettant qu'on pût leur donner une élasticité en partie factice par l'introduction de l'air comprimé dans leur intérieur; on estimait à tort ce frottement comme notable.

Pour répondre à cette objection, nous dirons d'abord que ces tuyaux, formés de couches de tissus et de caoutchouc, dont l'épaisseur de ce dernier est pour une faible fraction, doivent être seulement souples. De plus, en doublant la pression ordinaire de l'air dans les boyaux qui est de 6 centim., ce qui serait suffisant dans les circonstances difficiles, on augmente le frottement dans la proportion de 65 k. 6, à 66 k. 6; différence entièrement insignifiante et à laquelle on peut avoir foi, puisqu'elle résulte des expériences faites avec le dynamomètre de M. Morin, en présence de la commission des ponts et chaussées.

Malgré tous ces avantages qui ne demandent que

l'affirmation de la pratique, ce système n'a point encore été soumis à un essai en grand. Le gouvernement, qui demande aux Chambres un crédit de 1,800,000 fr. pour faire un essai comparatif des systèmes anglais et *surtout* français, signe le jour même un cahier de charges où la société qui va disposer de ces fonds n'est forcée, et sous certaines conditions, qu'à exécuter le système français sur une longueur de 1,000^{m}, quand 8,000 sont accordés au système anglais.

La chambre n'aura-t-elle point à demander compte d'un acte aussi contraire à l'esprit de la loi?

Faut-il maintenant citer le nom des hommes qui demandent un essai sérieux que l'on puisse considérer utile et concluant? Nous pourrions citer presque tous les membres des deux chambres, puisqu'ils ont ouvert un crédit à cet effet, et à leur tête M. Arago, qui le premier a signalé tout l'avantage de ce système et a donné une approbation si encourageante pour son auteur. Les membres de la commission des ponts et chassées, MM. Belanger, Mallet, Baude, nous ont paru, en terminant leurs expériences, avoir cette conviction que le système français méritait un essai en grand, et cependant leur rapport est encore à paraître officiellement. Nous présumons que ces Messieurs ont dit toute leur pensée : si l'essai sur 1,000^{m} ne leur paraît point suffisant, et cela ne paraît point faire doute, qu'ils demandent un essai plus sérieux, plus complet.... Un système qui présente les avantages du système atmosphérique français, s'il réussit en pratique, sera assez utile au pays pour qu'il ne regrette pas les premiers frais des essais pratiques.

Faut-il que ce soit à l'étranger que ces essais soient faits? Faut-il qu'un système français, qui pourrait être pour la France une source d'économie pour l'établissement des chemins de fer et pour leur exploitation, soit abandonné par elle? Qu'on y prenne garde, déjà l'Angleterre comprend toute l'importance de cette invention. Deux de ses ingénieurs du plus haut mérite, MM. F. W. Simms et Cubitt, apprécient le système français. Une lettre de M. Cubitt, que nous avons sous les yeux, exprime tout son regret de n'avoir point l'occasion d'appliquer ce système en Angleterre, et en même temps tout son étonnement de voir la France aussi tiède pour ces grandes découvertes.

Systèmes de MM. Chameroy, Hédiard, Jullien et Valério.

M. Chameroy voulut éviter l'emploi d'une soupape longitudinale sur toute la longueur du tube; pour atteindre ce but, il place en dessous du sol un tube hermétiquement fermé, qui porte de distance en distance des pistons fixes dont les tiges sont creuses et garnies de robinets. Ces tiges peuvent s'engager dans un tube remorqueur mobile, garni d'une soupape longitudinale, établie sur l'un des systèmes dont nous avons parlé. Ce tube est relié aux premiers wagons du convoi, et dans son mouvement le convoi ouvre les robinets qui mettent en communication le tube fixe et le tube mobile.

Imaginez que le vide soit fait dans le tube fixe, sa capacité étant incomparablement plus grande que celle du tube remorqueur, la pression atmosphérique qui agit sur le clapet qui ferme ce tube détermine le mouvement du convoi.

Le mouvement peut encore être imprimé au convoi, à l'aide d'air comprimé emmagasiné d'une manière continue dans le tube fixe, au moment où la communication de ce tubé avec le tube remorqueur est établie.

L'inconvénient le plus grave du système Chameroy est sa complexité : tous les 300 mètres (maximum posé par M. Chameroy) on devra établir l'appareil qui met en communication le tube fixe et le tube mobile, et cet appareil, qui toujours doit être graissé, puisqu'il fait l'office de piston, est soumis à l'action continue de l'atmosphère, tantôt humide, plus souvent couvert de poussière que l'enduit retiendra; ce piston fixe deviendra ainsi une véritable machine à user les métaux. Nous avons pris la distance de 300 mètres au maximum; à chacune de ses distances, on devra établir des espèces de cuves en maçonnerie pour renfermer ces appareils.

La disposition imaginée par M. Chameroy est certainement fort ingénieuse; mais conçoit-on qu'elle soit arrivée après le système français et comme une amélioration de ce système, quand à la première vue on reconnaît deux points principaux: — 1° la complication et toute les difficultés qu'une machine compliquée comporte pour la régularité de sa marche; 2° le prix de cette complication pour l'établissement et pour l'entretien?

La soupape que M. Hédiard a appliquée au tube de Medhurst est composée de deux tôles en acier faisant ressort; entre ces ressorts peut passer la tige du piston. Ces tôles forment, avec deux plaques latérales, une petite chambre remplie de graisse. Au moment du passage de la tige entre les ressorts, une partie de la graisse rentre dans le tube, le lubréfie et facilite le passage du piston.

On ne peut point ici reprocher la complication à cet appareil; mais je ne doute pas qu'on lui reproche son inefficacité. En effet, à l'endroit où la tige ouvre les deux ressorts, ces ressorts sont-ils seulement ouverts pour permettre le passage de la tige? Évidemment non; ces ressorts laissent une ouverture antérieure et postérieure; ces ouvertures causeront des rentrées d'air qui paralyseront l'effet du moteur; de plus, le passage d'une tige avec une vitesse de 12 lieues à l'heure, entre deux ressorts en acier, déterminera une usure rapide.

Ce système nous paraît sans avenir.

Le système atmosphérique de MM. Julien et Valério diffère essentiellement de ceux que nous venons de passer en revue; voici en quoi il consiste:

Le vide s'opère dans deux tubes cylindriques parallèles distants de 1^m 50. La pression atmosphérique fait mouvoir deux pistons placés dans ces tubes ; à ces pistons sont adaptés des chariots formés de plusieurs bandes de fer à section en fer à cheval et assemblées entre elles à charnières ; ce chariot, supporté par des galets en bois ou en cuivre, donne par friction un mouvement de rotation à des galets placés dans des cages disposées sur le tube et distantes de 2^m 50 ; un autre galet supérieur, disposé dans la même cage, et dont l'axe est dans le même plan vertical que le galet inférieur, reçoit du premier, toujours par friction, un mouvement de rotation. Ces galets, symétriquement placés par rapport aux deux tubes, débordent leurs cages et supportent un wagon-omnibus auquel ils doivent transmettre un mouvement de translation. L'extrémité du chariot soulève légèrement le galet inférieur de la cage, pour permettre la rentrée de l'air dans les cylindres. La surface de rentrée d'air serait environ 36 cent. carrés, quand la surface du cylindre est de 490 centim.; la vitesse de rentrée de l'air serait donc de 14000^m par 1'. En admettant que la vitesse du convoi soit de 1000^m par 1', cette disposition ne serait, du reste, qu'une légère difficulté bientôt vaincue par les auteurs du système, s'il ne présentait point de plus graves inconvénients.

L'invention de MM. Jullien et Valério n'a encore été, à notre connaissance, l'objet d'aucun essai ; s'il en était autrement, nous n'aurions probablement point à en faire la critique; nous pensons qu'un essai sérieux l'aurait bientôt condamnée.

L'avantage que tous les ingénieurs reconnaissent au système atmosphérique est celui de gravir les pentes avec une grande facilité. Dans le système à locomotive, c'est l'insuffisance de l'adhérence de la machine sur les rails qui s'oppose au mouvement, quand on doit franchir des pentes qui dépassent 0^m, 01 par mètre; et cependant l'adhérence d'une locomotive sur un rail est considérable si on la compare à l'adhérence d'un wagon, puisque l'adhérence est proportionnelle au poids, et qu'une locomotive pèse de 16 à 20 tonnes, quand un wagon ne pèse que 5 à 6 mille kil. Dans le système de MM. Jullien et Valério, on n'aura même pas l'adhérence d'un wagon sur un rail, puisque l'omnibus qu'ils proposent est une espèce de traîneau débarrassé de tout ce qui donne du poids aux wagons ordinaires, des roues et des essieux. On ne pourra donc point penser, avec ce système, à gravir les plus faibles pentes. C'eût été ici le cas de proposer le rail strié de M. de Jouffroy.

Une seconde objection nous paraît encore plus sérieuse, elle porte sur deux points: 1° Aucune jonction fixe n'existe entre le moteur et le convoi; 2° la puissance du moteur est répartie sur deux pistons identiques, mais n'ayant entre eux aucune liaison. Je ne doute pas que la même machine ne mette les deux pistons en mouvement; mais, pour que le mouvement des deux pistons soit identique, à quelles conditions cet appareil doit-il satisfaire ?

1° Les deux pistons auront *mathématiquement* la même surface; 2° ils subiront dans le tube les mêmes frottements; en un mot, ils devront vaincre les mêmes efforts. Mais les tubes ne présenteront-ils point des rugosités différentes ? Le wagon sera-t-il chargé également des deux côtés ? Les intermédiaires, qui doivent transmettre la force motrice, seront-ils, à droite et à gauche, dans des conditions toujours semblables ? Le convoi sera donc tiré tantôt d'un côté, tantôt d'un autre, la sortie de la voie (à moins qu'on n'établisse le long du chemin des garde-corps continus) sera à craindre à chaque instant. Mais encore comment s'opposera-t-on à l'action de la force centrifuge ?

Il sera fort possible, et cette circonstance se présentera fréquemment, qu'une résistance inattendue maintienne le convoi en place quand les pistons continueront leur marche. Les auteurs de ce système comprennent tellement cette difficulté que toujours ils donnent l'avance au convoi par un galet à 2 diamètres, et règlent son mouvement relatif aux pistons moteurs à l'aide de freins particuliers. En admettant la possibilité d'une telle manœuvre, on ne niera pas au moins son *impraticabilité*.

L'emploi des galets, sur lesquels se reporte tout le poids du convoi, présente-t-il quelque sûreté ? Avec la vitesse qu'ils doivent prendre dans les conditions dans lesquelles ils sont placés, il est inévitable qu'il n'y ait momentanément des frottements de glissement qui viendront détériorer tout le dispositif en changeant la forme des galets. Mais admettons qu'ils tournent constamment : si la vitesse est de 15 lieues à l'heure (vitesse moyenne des chemins de fer atmosphérique), on parcourt par 1′ 1000 mètres; le galet, dont le diamètre est le plus considérable, ayant 0,25, fera 1346 révolutions par 1′, et ceux qui supportent le chariot ayant 0,18 feront 1852 révolutions. Ce sont ces derniers galets, dont le mouvement est continu, dont nous n'oserions garantir la durée pour plus de quelques heures, à cause de l'usée et de l'échauffement qui résultent évidemment d'une marche aussi rapide.

En présence de ces objections, MM. Jullien et Valério offrent-ils un avantage ?

Aucun : pas même sur le prix de revient de la voie proprement dite, qui selon leur devis est 1/16 plus élevé que celui de MM. Cléeg et Samuda. Ils auraient une économie sensible en prenant un seul tube au lieu de deux. Ces messieurs donnent les dessins de cette disposition, mais ils la rejettent; les expériences, disent-ils, leur ont pouvé l'insuffisance d'un seul tube. Il est évident, en effet, qu'ils formeraient ainsi une espèce de chemin à la Palmer, qui ne présente aucune condition d'équilibre. C'est donc une opinion impossible à soutenir, impossible à proposer sérieusement.

CHAPITRE VII.

Tracés. — Frais de construction ; d'entretien.

En commençant ce travail, nous avons dit un mot de l'établissement d'un chemin de fer. Il ne sera peut-être point sans intérêt, après l'étude comparative des divers systèmes que nous avons décrits, de donner un aperçu des tracés, frais de constructions et d'entretien sur les rails-ways.

Divers éléments entrent dans la détermination d'un tracé. Généralement, un chemin de fer est établi dans un but d'utilité publique; il doit alors réunir des points importants qui ont entre eux des rapports fréquents et continus, desservir sur son passage le plus grand nombre des villes, et, au point de vue financier, les plus industrielles. Toutefois, les vues du gouvernement peuvent être différentes : dans un but de civilisation, il peut proposer le passage d'un rail-way dans une contrée peu civilisée; il peut, dans certaines circonstances, établir une ligne simplement politique, une ligne qui en cas de guerre servirait de défense au pays, en amenant en un point donné des forces considérables.

Nous n'examinerons ici que le cas le plus général,

celui où un chemin de fer dessert et réunit les villes les plus industrielles. Il est présenté dans un but d'utilité; mais, que le gouvernement ou une compagnie exploite ce chemin, avant d'en arrêter le tracé, on doit tenir compte de certaines conditions, on doit tirer un bénéfice. Ce bénéfice résulte du transport des marchandises et des voyageurs, il faut l'apprécier; entre deux points importants, le chiffre absolu du tonnage (charge) exercera une puissante influence sur la direction de la ligne. Cette direction étant déterminée, d'autres questions viennent fixer le détail du tracé; elles dépendent de l'influence que les pentes et les courbes exercent sur la marche d'une locomotive. Nous avons vu combien on avait cherché à diminuer cette influence, nous ne reviendrons point sur ces questions.

Divers tracés peuvent présenter les mêmes avantages; il faut alors les comparer sous le rapport des constructions. Il n'est point facile d'établir à l'avance un devis bien exact d'un chemin de fer dont le tracé est déterminé; certains éléments, qui entrent dans la composition du prix définitif, sont très-variables. Ces éléments peuvent être ainsi classés :

Études. — Achat des terrains.—Terrassements.— Ouvrages d'art (ponts, viaducs, souterrains, etc.). L'appréciation de ces divers éléments est la partie la plus difficile, la moins exacte; quelques-uns sont plus réguliers, plus connus; le prix de la voie, l'établissement des embarcadères, l'achat du matériel. Ces frais peuvent être rigoureusement déterminés, d'autres sont à prévoir; ce sont : les frais d'entretien, d'administration, de contentieux, les intérêts de l'argent. Enfin il faut également se prémunir contre les frais qui résultent des accidents malheureusement si graves avec le système actuel.

L'expérience a fourni des chiffres pour l'entretien de la voie pour des rails-ways placés dans des conditions fort diverses : ainsi le tonnage étant faible et le service étant fait par des chevaux, les frais annuels varient de 600 à 800 fr. par kilomètre. — Si sur le même chemin le moteur est la locomotive, le tonnage s'élevant à 100,000 tonneaux, les frais s'élèvent à 1,200 fr. Ce chiffre s'élève à 2,500 sur un rail-way à deux voies, dans les conditions du chemin de Saint-Etienne à Lyon, c'est-à-dire avec une vitesse de 4 lieues à l'heure et avec la locomotive ou le cheval pour moteur. Dans le cas de grande exploitation, quand la vitesse et le tonnage sont considérables, ces frais peuvent être estimés à 8,000 fr.

Les frais d'administration et de perception sont variables, mais relativement d'autant plus faibles que le parcours est plus long.

Les frais de roulage, de traction, intérêts, détérioration du matériel, peuvent être estimés à 1, 5 à 2 centimes par tonne et par kilomètre, à faible vitesse. Cependant ce chiffre ne doit point être pris comme absolu : le combustible et la vitesse, causes de détérioration très-grave pour les machines, étant deux des principaux éléments, on a vu quelquefois ce chiffre s'élever à 4, 5 et 6 centimes.

Nous réunissons dans le tableau suivant les prix moyens du kilomètre de chemins de fer placés dans des conditions très-diverses :

Aux environs des mines de Newcastle (le rail-way est à une voie, le moteur employé est le cheval)	35,000
Rail-way de Darlington à Stokton (le prix que nous donnons est celui du chemin à une voie, comme il était construit primitivement; depuis, on a établi une seconde voie).	82,000
De Saint-Étienne à Andrezieux (ce rail-way est le premier qui fut établi en France; le moteur est le cheval) . . .	100,000
De Saint-Étienne à Lyon (il y a un souterrain de 4,800^{m}.	250,000
De Bâle à Strasbourg, le prix a dépassé.	250,000
De Paris à Rouen	350,000
De Paris à Orléans.	375,000
De Paris à Saint-Germain	625,000
De Paris à Versailles (rive droite), le prix a dépassé.	1,000,000
De Paris à Versailles (rive gauche), on n'a jamais exécuté autant de terrassements que sur ce rail-way	1,000,000

Un dernier mot. — Les chemins de fer doivent-ils avoir une influence heureuse sur notre bien-être?

Qui en douterait?

Rapprocher ou annuler les distances, faire d'une nation une grande ville, dans laquelle l'influence des hommes de génie pourra s'exercer sur tous les citoyens, rendre les rapports des hommes plus fréquents, répandre en tous lieux les bienfaits de la civilisation, telle sera l'influence des chemins de fer. Qu'on rende cette influence plus complète en cherchant à perfectionner ce nouveau mode de locomotion, encore dans l'enfance; que les dangers disparaissent, que les frais d'établissement, d'entretien, se réduisent, et notre siècle sera marqué par l'application utile d'une des plus grandes industries que le génie de l'homme ait jamais créées.

Imprimerie de H. Fournier et Ce, rue Saint-Benoît, 7.

On vient de mettre en vente à la *[illegible]* *Industrielle* de L. MATHIAS (Augustin).

Recherches expérimentales sur les [illegible] locomotives, par MM. Gouin, Ingénieur du [illegible] des Chemins de fer de la Rive droite, et Lechatelier, Ingénieur des Mines. Brochure in-4° avec 6 planches. . . . . 5 fr

Notice sur les accidents survenus aux talus des tranchées et remblais des Chemins de fer, par Grégory, traduit de l'anglais. (Extrait de la 11e livraison du *Portefeuille de l'Ingénieur des Chemins de fer*). Brochure in-8° avec figures. . . . . 2 fr. 50

Voir, en tête de la présente brochure, une liste des ouvrages récemment publiés sur les Chemins de fer.

Imprimerie de H. Fournier et Ce, rue Saint-Benoît, 7.

www.ingramcontent.com/pod-product-compliance
Ingram Content Group UK Ltd.
Pitfield, Milton Keynes, MK11 3LW, UK
UKHW012101240726
13965UKWH00004B/1451

9 782013 062053